AF578933

INSTRUCTIONS

A MESSIEURS LES AGENTS

DE LA

PREMIÈRE COMPAGNIE

D'ASSURANCE MUTUELLE MOBILIÈRE,

ET DE

LA ROUENNAISE,

Assurance Immobilière contre l'Incendie,

Pour les Départements de la Seine-Inférieure, de l'Eure, d'Eure-et-Loir, de l'Oise, de Seine-et-Oise et du Calvados.

ARTICLE. PREMIER.

La première Compagnie d'Assurance mutuelle mobilière, et la ROUENNAISE, Compagnie d'Assurance immobilière contre l'incendie, dont le siége est à Rouen, rue de la Seille, n° 10, seront organisées dans les départements de la manière suivante: Organisation.

Le personnel se composera d'Agents qui devront, autant que faire se pourra, résider dans les chefs-lieux de canton; ces Agents seront commissionnés par le Conseil d'administration, sur la présentation qui lui en sera faite par le Directeur; leurs fonctions consisteront à recevoir des adhésions, faire les estimations, dresser et signer les procès-verbaux, prendre et transmettre à la Direction tous les renseignements qui pourraient être jugés utiles.

ART. 2.

Tous les Agents correspondront avec la Direction, qui leur adressera, aussitôt leur nomination, une Commission spéciale pour exercer leurs fonctions, et un matériel suffisant dont ils devront avoir soin, et accuser réception.

ART. 3.

Plaques.

Chaque Agent devra faire apposer ostensiblement à la porte de son domicile, soit une affiche, soit une enseigne, ou bien une plaque, indiquant l'agence des deux Compagnies qu'il représente; l'administration enverra aux Agents qui lui en feront la demande des plaques qu'elle a fait fabriquer à cette intention, dont le coût est de 3 francs.

ART. 4.

MM. les Agents pourront, sous leur responsabilité, choisir pour les aider, des Sous-Agents, auxquels ils accorderont telles remises qu'ils jugeront convenable; ces Sous-Agents devront être porteurs d'une autorisation délivrée par l'Agent qui les aura choisis. Leur mission consistera à recevoir des adhésions et à prendre sur le terrain les mesures et renseignements nécessaires pour la rédaction des procès-verbaux; mais la signature de ces procès-verbaux est expressément réservée aux Agents commissionnés.

Les Agents devront, dans le choix de leurs Sous-Agents, ne s'adresser qu'à des hommes consciencieux et intelligents, dignes par leurs antécédents de la confiance publique. Cette confiance doit accompagner partout le personnel de l'administration.

ART. 5.

Moyens de publicité.

Les Agents devront, dans toute l'étendue de leur circonscription, donner toute la publicité possible à l'existence des deux Compagnies. Ils feront distribuer des prospectus, apposer des affiches dans les lieux les plus fréquentés. Les insertions, qu'ils jugeraient utiles de faire dans les journaux de leur arrondissement, devront préalablement être soumises au Directeur, et avoir reçu son approbation. MM. les Agents comprendront facilement que c'est de la Direction générale que doivent émaner ordres, instructions, renseignements, et généralement tout ce qui se rapporte à l'administration des deux Sociétés. Ils s'exposeraient, en faisant des publications de leur chef, à s'écarter de la vérité, grave inconvénient qui jetterait de la défiance dans l'esprit du public, naturellement soupçonneux, et dont la concurrence ne manquerait pas de faire son profit.

Indépendamment des moyens de publicité dont il vient d'être parlé, les Agents et Sous-Agents devront faire d'actives et fréquentes démarches auprès des propriétaires, pour leur démontrer les avantages de la mutualité sur les autres Compagnies, et ceux que peuvent offrir les deux Sociétés qu'ils représentent, comme aussi de les éclairer sur la marche franche et la loyauté de l'administration.

Manière de procéder à la réalisation des Assurances.

Art. 6.

Assurances Immobilières.

Lorsqu'un Agent aura trouvé un propriétaire décidé à mettre ses immeubles sous la sauve-garde de la Rouennaise, il devra se rendre sur les lieux, accompagné du propriétaire : il commencera par faire le plan visuel de la propriété, en assignant, sur le papier, à chaque bâtiment un n° d'ordre. Il sera fait autant d'articles qu'il y aura de corps de bâtiment distincts, surtout lorsque ces bâtiments serviront à des usages différents, ou qu'il y aura différence dans la nature des couvertures ; puis on procédera à l'estimation de ces divers bâtiments, article par article ; l'Agent fera cette estimation concurremment avec le propriétaire, qui doit l'accepter et l'approuver.

Art. 7.

Estimation.

MM. les Agents doivent apporter tous leurs soins dans l'estimation des immeubles ; c'est une tâche consciencieuse qu'ils ont à remplir. Ils chercheront toujours à concilier les intérêts de leurs clients avec ceux de la Société entière, et, pour cela, ils devront estimer à leur juste valeur les immeubles qu'ils seront appelés à assurer ; la sur-évaluation donne lieu à de graves inconvénients ; d'abord, elle autorise certains propriétaires à désirer, sinon à opérer (ce qui pourtant n'est pas sans exemple), la destruction de la chose assurée, dans l'espoir d'un bénéfice ; en outre, en cas d'incendie, elle augmente, au mépris de toute justice, les charges de la Société, obligée de payer à un de ses membres une indemnité supérieure à sa perte réelle. Ces considérations doivent toujours être présentes à l'esprit des commissaires-estimateurs.

Art. 8.

Notes à prendre.

Pour rédiger les procès-verbaux avec régularité, MM. les Agents devront se reporter avec soin aux modèles qui leur seront indiqués ci-après, et les remplir avec exactitude.

Art. 9.

Des Adhésions et des Procès-Verbaux.

Les adhésions devront être rédigées suivant le modèle n° 1er, et les notes prises sur le terrain devront être, dans le plus bref délai, reportées, de la manière la plus claire et la plus succincte possible, sur un imprimé intitulé: *Procès-verbal* annexé à l'adhésion sous le n° 2. Il suffira d'indiquer, pour la construction, si elle est en pierres, en bois, en caillou ou en bauge ; si la charpente est en bois de chêne ou en bois blanc, toutes choses qui peuvent faire apprécier par le conseil l'exactitude de l'estimation ; en outre, indiquer l'épaisseur des murs, le nombre et la nature des refends, et le mode d'établissement des planchers.

Art. 10.

Lambris, Décors.

Lorsqu'un bâtiment contiendra des objets devenus immeubles par destination, tels que lambris, décors, parquets, glaces, chambranles, tentures, alcoves, etc., l'Agent devra indiquer pour quelle somme ces différents objets entrent dans l'estimation totale du bâtiment. Comme ils sont presque toujours les premiers atteints dans un incendie, et que souvent il n'en reste pas de traces qui puissent en faire connaître la véritable valeur, ils doivent être, au moment de l'assurance, minutieusement examinés et estimés juste ce qu'ils valent.

Art. 11.

De la signature des Actes.

Les adhésions devront être signées par le sociétaire, et les procès-verbaux par le sociétaire et l'Agent.

Dans le cas où un sociétaire ne saurait ou ne pourrait signer, l'Agent fera signer pour lui deux témoins, après qu'il aura apposé sa croix, avec cette mention :

« Le propriétaire ayant déclaré ne savoir « signer, a requis l'assistance des sieurs N. C. « tous deux majeurs, devant lesquels il a af- « firmé avoir connaissance des statuts ; en foi de « quoi les deux témoins ont signé en son nom. »

Suivraient la croix † du sociétaire et les signatures des deux témoins, tant au bas de l'adhésion qu'à la fin du procès-verbal estimatif.

Les ratures, surcharges et renvois devront

être évités avec le plus grand soin. Quand on n'aura pu les éviter, l'Agent devra les faire approuver par le sociétaire. La première lettre du nom suffit pour les renvois, surtout pour ceux qui signent difficilement.

ART. 12.

Assurances mobilières.

MM. les Agents procèderont aux assurances mobilières de la manière suivante.

Ils dresseront, de concert avec le propriétaire, un état sommaire du mobilier à assurer, sur une feuille dite détail du mobilier, modèle n° 3. Cet état sera de suite transcrit sur un imprimé intitulé : *Procès-verbal*, conforme au modèle n° 4, en tête duquel l'Agent tracera le plan visuel des bâtiments où seront reportés les objets mobiliers soumis à l'assurance; chaque corps de bâtiment portera un n° d'ordre; la désignation de ces bâtiments se fera par articles séparés; ce Procès-verbal sera toujours précédé d'un acte d'adhésion que l'Agent fera signer au propriétaire, et dont lemodèle n° 3 indique la forme.

Il n'est pas nécessaire d'indiquer les dimensions des bâtiments, mais seulement leur usage, leur construction, leur couverture, le nombre des étages, et les risques qui pourraient les avoisiner.

ART. 13.

MM. les Agents auront bien soin, quand les bâtiments ne seront point de la même catégorie, de ne jamais porter dans un bâtiment des objets contenus dans un autre, afin que la classification puisse être facilement et régulièrement établie, et qu'en cas d'incendie il ne puisse y avoir lieu à contestation.

ART. 14.

Plaques.

Il devra être remis à chaque sociétaire une plaque dont le prix est fixé à 1 fr. pour les petites et 1 fr. 50 cent. pour les grandes; il est défendu aux Agents de faire payer ces plaques, dont la valeur est portée au mandat de première année. Dans le cas où une personne assurerait un immeuble et le mobilier qu'il contient, une seule plaque serait suffisante.

ART. 15.

Mutations.

Les Agents devront s'empresser, tant dans l'interêt des sociétaires que dans celui de l'administration, de constater toutes les mutations qui pourraient venir à leur connaissance, soit par changements de risques ou de domiciles, soit par augmentation ou diminution dans la valeur des objets assurés.

S'il y a changement de domicile seulement, sans que la valeur du mobilier soit changée, il suffira de faire souscrire au sociétaire une déclaration de changement de risques (modèle n° 6); s'il y a changement de risques dans la nature des constructions ou couvertures, on devra se conformer au modèle n° 7. S'il y a augmentation ou réduction dans la valeur ou la quantité des objets assurés, l'Agent devra dresser immédiatement un Procès-verbal de révision (modèle n° 8). Ce Procès-verbal contiendra le détail des objets et l'estimation entière de leur valeur au moment de la révision, sans avoir égard à celle reconnue précédemment.

En cas d'augmentation, le sociétaire sera assujetti à un supplément de dépôt proportionné à l'augmentation; s'il y a réduction, au contraire, remise lui sera faite de l'excédent de son dépôt.

Lorsque la révision produira une augmentation de valeurs à assurer, MM. les Agents devront ne pas manquer de faire signer au sociétaire un nouvel acte d'adhésion pour ce supplément d'assurance. (Voir les modèles n°s 1 et 3.)

Les assurés ont la faculté de faire modifier, quand ils le jugent convenable, le chiffre de leur assurance. C'est aux Agents à vérifier l'exactitude de la déclaration qui leur est faite; si l'immeuble ou le mobilier qu'il s'agit d'assurer à nouveau est distinct de celui qui faisait l'objet de l'assurance primitive, la marche à suivre est toute simple, c'est un nouveau contrat à passer, par acte d'adhésion et Procès-verbal, comme il a été expliqué précédemment. (Art. 9 et 12.)

Art. 16.

MM. les Agents auront soin de ne dresser de Procès-verbaux de révision que quand la nécessité leur en sera clairement démontrée, afin d'éviter des frais aux sociétaires et une complication inutile dans la comptabilité;

ainsi donc, quand il ne s'agira que d'un simple transfert, ou d'une réduction pour cause de vente, de démolition, de moindre abondance de récoltes, une simple déclaration, conforme au modèle n° 9, pourra suffire sans qu'il y ait lieu de faire de Procès-verbal. MM. les Agents devront apprécier, d'après les circonstances, la nécessité ou l'utilité des Procès-verbaux de révision. Toute demande en cessation d'assurance, lorsqu'elle est autorisée par les Statuts, devra être rédigée conformément au modèle n° 10, celles pour continuation d'assurances seront rédigées suivant le modèle n° 11.

ART. 17.

Assurances des Meules de récoltes dans les champs.

Les récoltes en meules faisant partie d'une assurance, et qui seront à proximité des bâtiments de la ferme assurée, devront figurer au plan visuel et porter un numéro ; si elles en sont trop éloignées, il suffira d'indiquer le nombre de meules et leur importance, et le champ où elles seraient placées.

ART. 18.

Toute assurance de récoltes en meules dans les champs, qui appartiendraient à des propriétaires n'ayant pas voulu assurer leurs autres récoltes engrangées, ou qui les auraient fait assurer à d'autres Compagnies, devra être refusée.

ART. 19.

Assurances d'Usines inerdites.

Les Agents devront refuser pareillement toutes assurances *immobilières*, sur raffineries de sucre de betteraves, filatures de laine, de lin et de coton, le Conseil général de la ROUENNAISE les ayant interdites.

Néanmoins, s'il se présentait des demandes d'assurances mobilières pour meules dans les champs seulement, les Agents pourraient en donner avis à l'administration, avec les observations propres à l'éclairer sur le parti qu'elle aurait à prendre à leur sujet.

ART. 20.

Epoque de l'Assurance.

Les assurances n'ont pas leur effet, comme dans les compagnies à primes, du lendemain du jour où elles sont contractées, mais seulement du premier du mois qui suit l'admission par le Conseil d'administration. MM. les Agents doivent faire connaître cette mesure aux propriétaires qu'ils assurent, afin d'éviter toutes contestations et toutes réclamations, dans le cas où arriverait un sinistre entre la date de l'adhésion et celle de l'admission.

ART. 21.

Envoi de Pièces.

Les adhésions recueillies par MM. les Agents devront parvenir à la Direction, avec les procès-verbaux estimatifs, au plus tard le 25 du mois, afin que la commission chargée de la vérification des dossiers puisse préparer son rapport pour les séances du Conseil qui ont lieu à la fin de chaque mois.

Ils pourront, néanmoins, en adresser encore jusqu'au 12 du mois suivant, pourvu que ces Adhésions et Procès-verbaux soient datés du mois précédant leur envoi.

ART. 22.

Débours.

Les Agents devront tenir note exacte des dépenses qu'ils feront pour le compte de l'administration. Lorsqu'ils voudront en être remboursés, ils enverront leurs états à la Direction, pour y être vérifiés. Aucun état ne sera admis s'il n'a, au préalable, été soumis à cette vérification.

ART. 23.

Primes et honoraires des Agents.

Il est accordé, par le Directeur, à tous les Agents qui procureront des assurances, soit mobilières, soit immobilières, une prime de 12 cent. par mille francs de valeurs assurées et admises par le Conseil. Cette prime sera payée sur états dressés et vérifiés, comme il est dit en l'article précédent. Il sera toujours fait deux états distincts, l'un pour assurances mobilières sur papier blanc, l'autre pour assurances immobilières sur papier chamois.

ART. 24.

Honoraires pour Assurances mobilières.

En outre de la prime dont il vient d'être parlé, les honoraires des agents pour les assurances mobilières sont ainsi fixés par le Conseil d'administration.

EN VILLE.
- 1 fr. par 1000 fr. jusqu'à 6000 fr. de valeurs assurées.
- « fr. 15 cent. par 1000 fr., au-dessus de 6000 fr.

A LA CAMPAGNE.
- 1 fr. par 1000 fr. jusqu'à 6000 fr.
- « fr. 30 cent. par 1000 fr. de 6000 à 100,000 fr.
- « fr. 15 cent. par 1000 fr. au-dessus de 100,000 fr.

Pour les révisions, MM. les Agents ont droit à la moitié des honoraires ci-dessus fixés.

Art. 25.

Honoraires pour Assurances immobilières.

Les honoraires des Agents pour les assurances immobilières, sont fixés par un arrêté du Conseil d'administration en date du 30 novembre 1843, modifié par un autre arrêté du 15 juin 1844. (Voir cet arrêté à la fin des présentes instructions.)

Art. 26.

Perception des honoraires de l'Immeuble.

Il est expressément interdit aux Agents de recevoir de l'assuré aucuns honoraires pour l'estimation des immeubles. Ces honoraires leur seront payés par l'administration, sur états modèle n° 13. Ils y auront droit aussitôt après l'encaissement des mandats de 1re année; seulement, pour que l'on puisse établir exactement leurs frais d'estimation, ils auront soin d'insérer, dans leurs Procès-verbaux, tous les renseignements exigés par le susdit arrêté du 30 novembre 1843, auquel ils devront se reporter, savoir : pour les constructions de ville, si les bâtiments assurés sont situés, ou non, dans la même rue, ou s'ils sont contigus, bien que situés dans des rues différentes : pour les constructions rurales, ils feront connaître la distance approximative qui sépare les divers bâtiments.

ART. 27.

Pour le Mobilier.

Les frais d'estimation, pour les assurances mobilières, peuvent être perçus par l'Agent, au moment où il rédige son Procès-verbal. Dans ce cas, il doit avoir soin d'établir le décompte en marge du Procès-verbal et d'écrire au-dessous *Reçu*, avec paraphe. Dans le cas contraire, il mettra : *à porter au décompte* ; les honoraires qu'il n'aura pas reçus comptant lui seront payés par la Direction, après l'encaissement des mandats de première année.

ART. 28.

Mesures à prendre en cas d'incendie.

Tout sociétaire qui éprouvera un incendie devra faire la déclaration immédiate, à l'Agent de son canton, et à défaut, au maire de sa commune. Le premier soin de l'Agent doit être de transmettre cette déclaration à la Direction, puis de veiller à la conservation des objets qui ont été avariés ou ont échappé au sinistre. Il ne doit procéder à l'estimation du dommage et en dresser Procès-verbal, que sur l'ordre formel du Directeur. (Voir le modèle n° 14.)

La constatation des dommages causés par l'incendie est une des opérations les plus délicates que MM. les Agents aient à remplir. Ils doivent se mettre en garde contre les prétentions des sociétaires incendiés, toujours disposés, même les plus honnêtes, à exagérer leurs pertes. C'est ici, surtout, qu'il faut bien se convaincre de cette vérité, que les sociétés d'assurances ont été instituées pour indemniser les assurés de leurs pertes, et non pour leur procurer un bénéfice.

ART. 29.

Receveurs. Recouvrements des Mandats.

Pour éviter des déplacements onéreux, les mandats à payer par les sociétaires seront adressés par la Direction aux Agents-Receveurs, qui, aussitôt la réception de ces mandats, devront en presser le recouvrement.

Tous les mandats de première année devront être présentés et payés dans la quinzaine de leur réception par l'Agent.

ART. 30.

Honoraires des Receveurs.

Les honoraires des Receveurs sont à la charge des assurés; ils ont été fixés comme suit par le Conseil d'administration:

5 p. o/o si le sociétaire se libère dans la quinzaine qui suit la date du premier avertissement.

8 p. o/o après ce délai.

Toutefois, les assurés peuvent se libérer *sans frais* à la caisse de l'administration. Dans ce cas, ils doivent faire connaître leur intention, soit par lettre adressée à la Direction, soit par l'entremise de l'Agent de leur canton.

ART. 31.

Aussitôt la réception des mandats, l'Agent-Receveur adressera aux sociétaires que ces mandats concernent, une lettre d'avertissement de venir payer en ses mains (modèle n° 15). Lorsque deux de ces avertissements envoyés à quinze jours au moins d'intervalle, seront restés sans effet, le sociétaire devra être mandé en conciliation devant le Juge de paix de son canton, afin de lui faire déclarer le motif et la cause de son refus.

Retardataires.

Toute citation judiciaire n'aura lieu que sur l'ordre exprès du Directeur, et contiendra, outre la forme ordinaire de ces exploits, la signification prescrite par l'article 28 des Statuts de la Société mobilière, ou 29 des Statuts de la Société immobilière, s'il s'agit de mandats concernant cette dernière compagnie (modèles nos 16 et 17).

Art. 32.

Démarches à faire par les Agents.

Néanmoins, avant d'en venir à ces pénibles extrémités, MM. les Agents devront profiter de leurs tournées, pour se présenter eux-mêmes à domicile, afin de faciliter, autant qu'il sera possible, la rentrée prompte et amiable du montant des mandats qui leur sont confiés. Par là ils éviteront un arriéré toujours désastreux, en ce qu'il produit des non-valeurs qui, plus tard, retombent à la charge de la Société entière.

Art. 33

Insolvabilité.

En cas d'insolvabilité bien et dûment reconnue par l'Agent, celui-ci la fera constater par le maire de la commune du débiteur, dans un certificat qu'il adressera à la Direction, avec une déclaration de cessation (modèle n° 10), ou un consentement de résiliation amiable, signé du sociétaire (modèle n° 18). Cette résiliation, lorsqu'elle est accompagnée du certificat dont il vient d'être parlé, donne droit à l'Agent à une remise de trois francs qui lui est payée par la Société.

Art. 34.

Versements des Receveurs.

Les Receveurs devront, au moins à la fin de chaque trimestre, faire parvenir à la Direction le montant des mandats qu'ils auront encaissés, à moins que les recettes du trimestre ne soient au-dessous de 100 fr., auquel cas le Receveur pourrait attendre le versement du trimestre suivant, à moins d'ordres contraires.

Tout envoi de fonds devra être accompagné de bordereaux de versement (modèle n° 19). Ces bordereaux seront faits en double expédition, dont l'une restera à la caisse, et l'autre, acquittée par le caissier, sera renvoyée à l'Agent pour sa décharge.

MM. les Receveurs doivent toujours avoir égard aux observations consignées sur leurs bordereaux ou sur les lettres d'envoi, et, s'il y a des erreurs, s'empresser de les rectifier afin que la comptabilité ne se trouve pas entravée.

Ils devront aussi, lorsqu'un Inspecteur ou autre employé de l'administration se présentera chez eux muni de pouvoirs en règle constatant sa qualité, lui communiquer toutes les pièces de leur comptabilité et donner tous les renseignements qui pourraient lui être nécessaires, pour opérer une vérification utile et régulière.

Chaque année, tous les Receveurs devront adresser à la Direction un état des mandats qui resteraient dans leurs mains avec indication, dans la colonne d'observations, de la cause du non paiement de ces mandats. Cet état, pour les mandats sur papier blanc, concernant le mobilier, seront envoyés à la fin du mois de juillet, et pour ceux sur papier chamois, concernant la Compagnie immobilière, à la fin du mois de novembre. (Voir le modèle n° 20.)

ARRÊTÉ

DU CONSEIL D'ADMINISTRATION

DE LA COMPAGNIE

LA ROUENNAISE,

DU 30 NOVEMBRE 1843,

Modifié par autre Arrêté du 15 juin 1844, fixant les honoraires des Agents pour les estimations d'Immeubles.

ARTICLE PREMIER.

Les honoraires des Agents pour l'estimation des constructions de ville, seront calculés à proportion de la valeur estimative qui aura été admise par le Conseil, et fixés comme suit :

A 75 cent. par 1,000 fr. jusqu'à 10,000 fr.

A 20 cent. par 1,000 fr. de 10,000 fr. à 50,000 fr.

A 10 cent. par 1,000 fr., de 50,000 fr. à 100,000 fr. et au-dessus.

ART. 2.

Pour les constructions rurales, les honoraires des Agents seront déterminés suivant la quantité de mètres contenus dans le demi-pourtour des bâtiments, et fixés comme suit :

A 10 cent. par mètre jusqu'à 30 mètres.

A 5 cent. par mètre au-dessus de 30 mètres.

Cependant, les honoraires sur les 30 premiers mètres du demi pourtour des bâtiments ruraux seront réduits à 05 centimes toutes les fois que ces bâtiments se trouveront dans les dépendances de bâtiments assurés comme constructions de ville.

L'assurance des murs de clôture donne lieu à des honoraires calculés à un centime par mètre courant.

Art. 3.

Seront considérées comme constructions de ville, bien que situées dans les communes rurales :

1° Celles qui réuniront les conditions suivantes : 1° construction soit en maçonnerie, soit en charpente, maçonnerie et plâtre ; 2° usage d'habitation ; 3° un étage au-dessus du rez-de-chaussée et sous larmier ; 4° couverture en tuiles, ardoises ou métaux.

2° Celles qui, bien que non affectées à l'habitation, en seront des dépendances immédiates et contiguës, mais édifiées et couvertes comme il vient d'être dit.

Toutes les constructions ne réunissant pas les conditions ci-dessus, seront considérées comme rurales, et les frais d'estimation supputés en conséquence.

Art. 4.

Pour les propriétés rurales, lorsqu'un sociétaire fera assurer simultanément et par la même demande plusieurs propriétés, situées dans un cercle dont le rayon n'excédera pas un kilomètre, il sera fait masse des frais d'estimation, lesquels seront comptés comme s'il s'agissait d'un seul aggloméré.

Il en sera de même pour les propriétés de ville situées dans la même rue, bien que constituant plusieurs agglomérés, ou contiguës, bien que situées dans des rues différentes.

ART. 5.

Les frais de révision sont fixés à la moitié de ceux d'estimation.

ART. 6.

Toutefois, lorsque la révision sera ordonnée pour cause d'exagération présumée dans la valeur estimative, ou dans le métré des bâtiments, ou pour défaut des renseignements indiqués dans le modèle des Procès-verbaux adopté par le Conseil, les frais en pourront être mis à la charge de l'Agent estimateur, lorsque la révision aura eu pour résultat de constater une exagération de 20 pour cent pour la valeur estimative, et, pour le métré, d'une quantité qui sera appréciée par le Conseil.

ART. 7.

Le sociétaire sera passible de ces frais, lorsque la révision sera ordonnée sur sa réquisition, et nécessitée par son fait.

ART. 8.

Pour la parfaite intelligence des dispositions qui précèdent, il est déclaré que la révision ne s'entend que de l'estimation, faite à nouveau, de constructions déjà estimées, et demeurées identiquement dans l'état où elles étaient lors du Procès-verbal primitif. Dans le cas, au contraire, où ces constructions auraient été modifiées, par reconstruction ou addition de bâtiments nouveaux, il y aurait lieu, non plus à révision, mais à une assurance nouvelle, pour l'augmentation seulement, ou à réassurance pour le tout.

ART. 9.

Toutes les difficultés auxquelles pourrait donner lieu l'application des dispositions ci-dessus, seront soumises au Conseil, qui s'en réserve la connaissance.

Mle 1er.

LES BUREAUX
A ROUEN,
Rue de la Seille, 10.

DIRECTEUR : DAUX.

No d'Enregistrement.

LA ROUENNAISE,

SOCIÉTÉ D'ASSURANCES MUTUELLES IMMOBILIÈRES

CONTRE L'INCENDIE ET TOUS LES EFFETS DE LA FOUDRE,

POUR

Les Départements de la Seine-Inférieure, de l'Eure, d'Eure-et-Loir, de l'Oise, de Seine-et-Oise et du Calvados,

Autorisée par Ordonnance royale du 3 Septembre 1843.

ACTE D'ADHÉSION AUX STATUTS.

Je soussigné (1) Leroy, Gabriel, marchand mercier, demeurant à Chartres, rue de Berry, 36, canton de Chartres, arrondissement de Chartres.

Déclare adhérer aux Statuts de la Société formée à Rouen, sous le nom de **LA ROUENNAISE**, *Société d'Assurances Mutuelles Immobilières*, constituée suivant acte reçu par Me GRAINDORGE, notaire à Rouen, le 1er Août 1843 ; desquels Statuts j'ai pris une exacte connaissance.

En conséquence je m'engage et promets de remplir toutes les obligations qui y sont stipulées, et de me conformer en outre aux décisions du Conseil-Général et du Conseil d'Administration institués par lesdits Statuts.

Et ce, pour les Immeubles décrits et évalués ci-après, que je soumets à la garantie de la Société en qualité de (2) propriétaire.

à partir du premier jour du mois qui suivra l'admission par le Conseil d'Administration.

Désignation et évaluation des Immeubles engagés à l'Assurance (3).

Treize mille cinq cent soixante-dix francs, sur un corps de ferme situé à Luisant, canton de Chartres (sud), lequel est occupé par le sieur Pierre Martin, ci. . . . . 13,570 fr.

Fait à Chartres, le 12 novembre 1843.

(*Signature de l'assuré.*)

(1) Indiquer exactement les noms, prénoms, profession et domicile de l'assuré.

(2) Propriétaire ou de locataire intéressé à la conservation de l'immeuble appartenant à M.

(3) Indiquer la somme approximative en toutes lettres et la répéter en chiffres, énoncer également à la fin de l'acte, le lieu où il est passé et sa date.

N.° 2.

LES BUREAUX,
A ROUEN,
Rue de la Seille, 10.

DIRECTEUR : DAUX.

N° d'Enregistrement.

Date de l'Assurance:
le 1er 184 .

LA ROUENNAISE,

SOCIÉTÉ D'ASSURANCES MUTUELLES IMMOBILIÈRES
CONTRE L'INCENDIE ET TOUS LES EFFETS DE LA FOUDRE,

POUR

Les Départements de la Seine-Inférieure, de l'Eure, d'Eure-et-Loir,
de l'Oise, de Seine-et-Oise et du Calvados.

Autorisée par Ordonnance royale du 5 Septembre 1843.

PROCÈS-VERBAL ESTIMATIF

Des Immeubles engagés à l'Assurance, par M. Leroy, Gabriel, marchand mercier, Sociétaire aux termes de son adhésion, en date du 12 *Novembre* 1843.

Plan visuel.

SITUATION
DE LA PROPRIÉTÉ.

DÉPARTEMENT
d'Eure-et-Loir.

ARRONDISSEMENT
de Chartres.

CANTON
de Chartres (sud).

COMMUNE
de Luisant.

Rue

HAMEAU
d

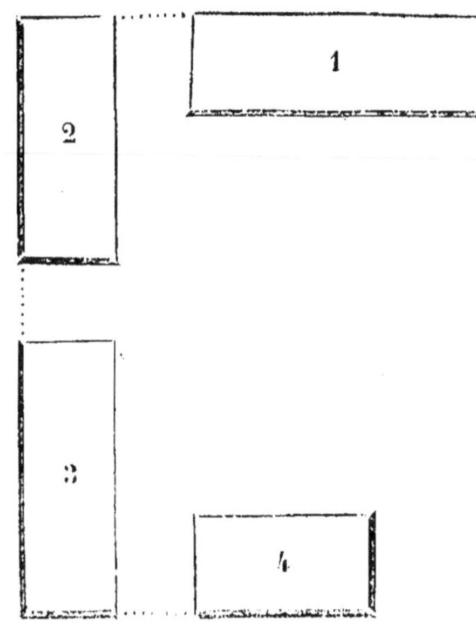

(Indiquer sur le plan l'usage et la construction des bâtiments voisins ou contigus ainsi que la distance entr'eux.)

1°. Un corps de bâtiment, composé au rez-de-chaussée de 4 pièces, et d'autant au 1er étage.	
Occupé par le sieur Martin.	
Usage du bâtiment (1) : habitation de cultivat.	
Longueur 12 mèt. 20 c. Ret. d'éqre mèt. c.	
Largeur 5 mèt. 50 c. mèt. c.	
Haut. s. larm. 7 mèt. 90 c. mèt. c.	
Du larm. au f. 3 mèt. 75 c. mèt. c.	
Etages, rez-de-chaussée, 1er et grenier.	
Construction en maçonnerie de brique et caillou, de 50 cent. d'épaisseur, charpente des combles et poutres en chêne, solives en bois blanc, les appartements carrelés et plafonnés, trois refends en brique, enduits de plâtre.	
Couverture en ardoise.	
Etat et âge : en très bon état, 16 ans.	
Estimé à la somme de sept mille cinq cent cinquante francs, ci fr.	7,550
Compris celle de 525 fr. pour (2) placards, lambris, tentures et alcôves.	
2° A 4 mètres de l'art. 1er, un bâtiment occupé par le même.	
Usage du bâtiment : étable à vaches.	
Longueur 10 mèt. 75 c. Ret. d'éqre mèt. c.	
Largeur 4 mèt. 25 c. mèt. c.	
Haut. s. larm. 5 mèt. 90 c. mèt. c.	
Du larm. au f. 5 mèt. 20 c. mèt. c.	
Etages, rez-de-chaussée et grenier.	
A reporter. . . . . fr.	7,550

(1) Indiquer exactement la profession exercée dans chaque bâtiment.

(2) Lambris, décors, parquets, glaces, chambranles en marbre, menuiserie, etc.

Report.	7,550
Construction : murs en bauge, avec socle en maçonnerie, sur un mètre de hauteur, charpente en bois blanc.	
Couverture en paille.	
Etat et âge : état médiocre, construit en 1820.	
Estimé à la somme de mille soixante-dix francs, ci fr.	1,070
Compris celle de 50 fr. pour rateliers et mangeoires.	
3º Bâtiment composé de trois espaces, à 6 mètres de l'art. 2.	
Occupé par le même.	
Usage du bâtiment : grange.	
Longueur 16 mèt. 70 c. Ret. d'éq^{re} mèt. c.	
Largeur 6 mèt. 40 c. mèt. c.	
Haut. s. larm. 5 mèt. 20 c. mèt. c.	
Du larm. au f. 4 mèt. 20 c. mèt. c.	
Etages, néant.	
Construction : murs en maçonnerie de mortier de terre et moellon, charpente en chêne et bois blanc.	
Couverture en tuile.	
Etat et âge : très bon état, construit en 1837.	
Estimé à la somme de trois mille cinquante francs, ci fr.	3,050
Compris celle de pour	
A reporter.	11,670

Report.	11,670
4° A 8 mètres de l'art. précédent un autre bâtiment occupé par le même.	
Usage du bâtiment : écuries.	
Longueur 8 mèt. 75 c. Ret. d'équ^re^ mèt. c.	
Largeur 5 mèt. c. mèt. c.	
Haut. s. larm. 4 mèt. 20 c. mèt. c.	
Du larm au f. 3 mèt. 10 c. mèt. c.	
Etages, rez-de-chaussée et grenier.	
Construction en galandage, toute la charpente en bois de chêne de forte dimension.	
Couverture en ardoise.	
Etat et âge : en fort bon état, construit en 1829.	
Estimé à la somme de dix-neuf cents francs, ci fr.	1,900
Compris celle de 80 fr. pour mangeoires et râteliers.	
TOTAL de l'estimation : treize mille cinq cent soixante-dix francs, ci fr.	13,570

Remis plaque de fr. c.

La valeur du sol et des fondations n'est pas comprise dans la présente estimation (3).

A Luisant, le 15 Novembre 1843.

Approuvé par l'Assuré soussigné,
(Signature de l'Assuré.)

Le Commissaire-Estimateur de la Société,
(Signature de l'Agent.)

(3) Le Commissaire-Estimateur supprimera les unités de francs au montant de l'estimation de chaque immeuble, en observant de les négliger jusqu'à 5 fr. et de forcer la dizaine au-dessus de cinq.

L'agent n'a rien à recevoir du Sociétaire pour frais d'estimation.

N° 3.

PREMIÈRE
COMPAGNIE
D'ASSURANCE MUTUELLE
MOBILIÈRE
CONTRE L'INCENDIE,
Pour les Départements
DE
La Seine-Inférieure, de l'Eure, d'Eure-et-Loir, de l'Oise, de Seine-et-Oise et du Calvados.

BUREAUX :
Rue de la Seille, 10.

Direct. : **J.-B. DAUX.**

N° d'Enregistrement de l'admission de l'adhésion.

(1) Indiquer exactement les noms, prénoms, profession, demeure et la qualité de celui qui signe l'Adhésion.

(2) Indiquer la somme approximative en toutes lettres et la répéter en chiffres; indiquer également à la fin de l'acte le lieu où il est passé, et sa date.

ACTE D'ADHÉSION AUX STATUTS

De l'Assurance Mutuelle Mobilière.

Je soussigné (1), Lemaire (François-Séraphin), *cultivateur, demeurant à Ourville, Seine-Inférieure,*

Déclare adhérer aux Statuts de la Société formée à Rouen, sous le nom de *Première Compagnie d'Assurance Mutuelle Mobilière contre l'Incendie*, *pour les départements de la Seine-Inférieure, de l'Eure, d'Eure-et-Loir, de l'Oise, de Seine-et-Oise et du Calvados*, autorisée par Ordonnance du Roi, des 20 Mai 1837 et 28 Mars 1843, desquels Statuts j'ai pris une exacte connaissance ; en conséquence, je m'engage et promets de remplir toutes les obligations qui y sont stipulées, et de me conformer en outre aux décisions prises ou à prendre par le Conseil-Général et le Conseil d'Administration institués par lesdits Statuts.

Et ce, pour les objets mobiliers décrits et évalués ci-après, que j'engage à l'Assurance Mutuelle Mobilière, à partir du premier du mois qui suivra la date de l'admission par le Conseil d'Administration, entendant toutefois que ma période de cinq ans ne commence qu'au 1er Septembre prochain.

DÉSIGNATION ET ÉVALUATION DES MOBILIERS ENGAGÉS A L'ASSURANCE (2).

Trente-un mille cent cinquante francs sur meubles meublants et ustensiles de ménage, lits, linge, effets d'habillement, bestiaux, récoltes, instruments aratoires, etc., ci fr. 31,150

Fait à Ourville, *le* 20 *Juin* 1843.

(Signature de l'Assuré.)

36e 4.

PREMIÈRE COMPAGNIE D'ASSURANCE MUTUELLE MOBILIÈRE CONTRE L'INCENDIE,
Pour les Départements de
La Seine-Inférieure; de l'Eure, d'Eure-et-Loir, de l'Oise de Seine-et-Oise et du Calvados.

SITUATION DES BATIMENTS
Dans lesquels sont répostés les Mobiliers.

DÉPARTEMENT
de la Seine-Infér.

ARRONDISSEMENT
d'Yvetot.

CANTON
d'Ourville.

COMMUNE
d'Ourville.

Rue

Nº d'Enregistrement de l'admission de l'adhésion.

Époque de l'Assurance :
le 1er 184 .

DIRECTEUR : J.-B. DAUX.
Hôtel de la Direction, rue de la Seille, 10.

PROCÈS-VERBAL.

Des OBJETS MOBILIERS à assurer et contenus dans les bâtiments composant une propriété à usage de ferme, sise à Ourville, appartenant à M. Leclerc, Edouard, *de Rouen, occupée par* M. Lemaire, François-Séraphin, *Sociétaire aux termes de son adhésion en date du* **20 Juin 1843.**

PLAN VISUEL DES BATIMENTS.

(Indiquer sur le plan, la construction et l'usage des bâtiments voisins ou contigus.)

FOUR.
...11 m....
7 m.
1
....17 m.....
..8 m.
2
3
6
5 m.
..15 m..
5
4
50 m.
130 m.
7
8

OBSERVATIONS.

Indiquer dans quelles proportions le bois est entré dans les constructions mixtes.

Les honoraires des préposés de la Compagnie ont é é fixés, ainsi qu'il suit, par arrêtés du conseil d'administration des 26 Mai et 31 Août 1837;

SAVOIR :

Pour les Mobiliers de ville 1 fr. par 1,000, jusqu'à 6,000 ;

0 fr. 15 c. au-dessus de 6,000 fr.

Pour les Mobiliers des communes rurales,

1 fr. par 1,000, jusqu'à 6,000 fr.

0 fr. 30 c. au-dessus de 6, 000 jusqu'à 100,000 fr.

0 fr. 15 c. au-dessus de 100,000 fr.

Nota. Le délégué de l'administration supprimera les unités de franc au montant de l'estimation du mobilier contenu dans chaque bâtiment, en observant de les négliger jusqu'à 5 fr. et de forcer la dizaine au-dessus de 5 fr.

Le préposé de la Compagnie ne doit pas omettre le compte de ses honoraires; s'ils lui ont été payés, il mettra au bas : Reçu; dans le cas contraire, il mettra: A Porter au décompte.

Art. 1er.

Bâtiment à usage d'habitation, construit en maçonnerie et charpente, couvert en tuile, ayant rez-de-chaussée, 1er étage et grenier.

Six cents francs sur meubles meublants et ustensiles de ménage.	600
Six cents francs sur lits garnis.	600
Douze cents francs sur linge de lit, de corps et de table.	1,200
Sept cents francs sur effets d'habillement. .	700
Deux cent soixante francs sur argenterie de table.	260
Quarante francs sur une glace.	40
Deux cents francs sur une montre et une chaîne en or.	200
Quatre-vingts francs sur une croix d'or. . .	80
Cent soixante-dix francs sur provisions de ménage.	170
Mille francs sur blé battu, compris les ustensiles du grenier à blé.	1,000

Art. 2.

Bâtiment à usage d'écurie, construit en brique, couvert en ardoise, ayant rez-de-chaussée et grenier.

Deux mille francs sur chevaux.	2,000
Sept cent cinquante francs sur harnais. . . .	750

Art. 3.

Pressoir et Cellier. Ce bâtiment est construit en terre et charpente, couvert en paille.

Mille francs sur cidre et boisson, fûts compris.	1,000
Trois cents francs sur fourrages.	300
A reporter. . .	8,900

COMPTE

Des honoraires du procès verbal.

A LA VILLE,

à 1 fr. » c.
à 0 15 c.

TOTAL...

Dans les communes rurales,

6000 à 1 fr.	»	6 fr.	»
25150 à 0	30	7	55
à 0	15	»	»
TOTAL...		13	55

A PORTER AU DÉCOMPTE.

Report.	8,900
ART. 4.	
Bâtiment à usage de chartil et de grenier à avoine, construit en charpente sur poteaux, couvert en ardoise.	
Neuf cents francs sur voitures et charriots. .	900
Cinq cents francs sur instruments aratoires et claies de parc.	500
Huit cents francs sur avoine battue	800
ART. 5.	
Bâtiment à usage de granges, construit en terre et charpente, et couvert en paille.	
Huit mille francs sur blé en gerbes.	8,000
Trois mille cinq cents francs sur avoine. . .	3,500
ART. 6.	
Bâtiment à usage de bergerie et d'étable, construit et couvert comme le précédent.	
Trois mille francs sur moutons.	3,000
Sept cent cinquante francs sur vaches. . . .	750
Neuf cents francs sur fourrages. . . , . . .	900
ART. 7.	
Deux mille six cents francs sur une meule de blé.	2,600
ART. 8.	
Treize cents francs sur une meule d'avoine.	1,300
TOTAL du Mobilier à assurer.	31,150

Sur lesquels objets mobiliers contenus dans les corps de bâtiment ci-dessus indiqués, il convient d'assurer la somme totale de trente-un mille cent cinquante francs.

Fait à Ourville, le 20 *Juin* 1843.

Approuvé par le propriétaire soussigné,

(Signature de l'Assuré.)

Le Commissaire de la Compagnie pour le canton d'Ourville,

(Signature de l'Agent.)

N° 5.

DIRECTION
de la
PREMIÈRE
COMPAGNIE
D'ASSURANCE MUTUELLE
MOBILIÈRE
CONTRE L'INCENDIE
Pour les Départements
DE
La Seine-Inférieure,
de l'Eure,
d'Eure-et-Loir,
de l'Oise
et de Seine-et-Oise.
Rue de la Seille, 10.

Direct.: J.-B. DAUX.

DÉTAIL DU MOBILIER

De M. LEMAIRE, Cultivateur,

Demeurant à Ourville

à assurer par la Compagnie Mutuelle Mobilière.

	FR.
Sur Meubles meublants et Ustensiles de ménage.	600
» Lits garnis	600
» Linge de lit, de corps et de table. .	1,200
» Effets d'habillement.	700
» Argenterie de table.	260
» Pendule.	»
» Ornements de cheminée et autres. .	»
» Glace.	40
» Montre et chaine en or (*mettre le nombre*).	200
» Croix d'or.	80
» Bibliothèque.	»
» Tableaux et Gravures (*mettre le nomb.*).	»
» Piano.	»
» Provisions de ménage	170
» Marchandises, telles que.	»
»	
»	
» Blé en gerbes.	8,000
» Id. battu.	1,000
» Avoine en gerbes.	3,500
» Id battue.	800
» Fourrage.	1,200
» Chevaux	2,000
» Vaches.	750
» Moutons.	3,000
» Meules de blé dans les champs. . .	2,600
» Dito d'avoine id. . . .	1,300
» Ustensiles aratoires.	500
» Harnais.	750
» Voitures	900
» Cidre et Boissons.	1,000
	31,150

№ 6.

PREMIÈRE
COMPAGNIE
D'ASSURANCE MUTUELLE
MOBILIÈRE
CONTRE L'INCENDIE,
Pour les Départements
DE
La Seine-Inférieure,
de l'Eure,
d'Eure-et-Loir,
de l'Oise
et de Seine-et-Oise.

Direct.: **J.-B. DAUX.**

N°

DÉCLARATION

DE CHANGEMENT DE RISQUES.

Je soussigné Lemaire (François-Séraphin), rentier, demeurant, à Tôtes;

Déclare que j'ai transféré mon Mobilier au hameau de Bennetot, dépendant de ladite commune de Tôtes.

Le bâtiment que j'occupe actuellement appartient à M. Legrand, de Bacqueville.

Il est construit en charpente, couvert en paille.

En conséquence, je demande que la classification des risques soit établie et changée, en conformité de la présente déclaration, à compter du 1er septembre prochain.

Fait à Tôtes, le 25 août 1844.

(Signature du Sociétaire.)

№ 7.

PREMIÈRE
COMPAGNIE
D'ASSURANCE MUTUELLE
MOBILIÈRE
CONTRE L'INCENDIE,
Pour les Départements
DE
La Seine-Inférieure, de l'Eure, d'Eure-et-Loir, de l'Oise et de Seine-et-Oise.

Direct.: **J.-B. DAUX.**

N°

DÉCLARATION

DE CHANGEMENT DE RISQUES.

Je soussigné Lemaire (François-Séraphin), cultivateur, demeurant à Ourville,

Déclare que tous les bâtiments de la ferme que j'occupe sont maintenant couverts en tuile et ardoise.

En conséquence, je demande que la classification des risques soit établie et changée, en conformité de la présente déclaration, à compter du 1er mars prochain.

Fait à Ourville, le 16 février 1844.

(Signature de l'Assuré.)

Nota. Quand il s'agira d'Immeubles, l'Agent se servira d'un imprimé sur *papier chamois*.

N° 8.

PREMIÈRE
COMPAGNIE
D'ASSURANCE
MUTUELLE
MOBILIÈRE
CONTRE L'INCENDIE,
Pour les Départements
de
La Seine-Inférieure
de l'Eure, etc.
Rue de la Seille, 10,
A ROUEN.

SITUATION
DES BATIMENTS
Dans lesquels sont réposés les Mobiliers.

DÉPARTEMENT
de la Seine-Infér.

ARRONDISSEMENT
de Dieppe.

CANTON
de Tôtes.

COMMUNE
de Tôtes.

Rue de Bennetot.

N° d'Enregistrement de l'admission de l'adhésion.

Époque de l'Assurance.
1er 184 .

Directeur : J.-B. DAUX,
Hôtel de la Direction, rue de la Seille, 10.

PROCÈS-VERBAL DE RÉVISION

Des OBJETS MOBILIERS à assurer et contenus dans les Bâtiments composant une propriété à usage de simple habitation, sise à Tôtes, appartenant à M. Dulong, *de Dieppe, occupée par* M. Lemaire (François-Séraphin), *Sociétaire, aux termes de son adhésion en date du* 20 *Juin* 1843.

PLAN VISUEL DES BATIMENTS.

2

1

Art. 1er.

Bâtiment à usage d'habitation, construit en brique et bloc, couvert en ardoise, ayant rez-de-chaussée et grenier.	
Huit cents francs sur meubles meublants et ustensiles de ménage.	800
Huit cents francs sur lits garnis.	800
Quinze cents francs sur linge de lit, de corps et de table.	1,500
Neuf cents francs sur effets d'habillement. .	900
A reporter. . . . Fr.	4,000

Nota. Quand il s'agira de révision d'Immeubles, l'Agent se servira d'un imprimé sur *papier chamois.*

OBSERVATIONS.		
Indiquer dans quel les proportions le bois est entré dans les constructions mixtes.	*Report.* . . . Fr.	4,000
	Quatre cents francs sur argenterie de table. .	400
	Quatre-vingts francs sur glaces.	80
Les honoraires des préposés de la Compagnie sont fixés ainsi qu'il suit, par arrêtés du conseil d'administration des 26 mai et 31 août 1837,	Trois cents francs sur deux montres et une chaine en or.	300
SAVOIR :	Deux cents francs sur bibliothèque.	200
Pour les Mobiliers de ville 50 c. par 1,000, jusqu'à 6,000.	Art. 2.	
0 7 c. 1/2 au-desssus de 6,000.	Bâtiment en retour d'équerre, à usage de cellier, construit en charpente et plâtre, couvert en tuile.	
Pour les Mobiliers des communes rurales,	Trois cents francs sur cidre, vins, liqueurs, bois, beurre et autres provisions de ménage. .	300
50 c. par 1,000, jusqu'à 6,000 fr.		
0,15 c. au-dessus de 6,000 fr. jusqu'à 100,000 fr.		
0,7 c. 1/2 au-dessus de 100,000 fr.		
Nota. Le délégué de l'administration supprimera les unités de fr. au montant de l'estimation du mobilier contenu dans chaque bâtiment, en observant de les négliger jusqu'à 5 fr. et de forcer la dizaine au-dessus de 5 fr.		
Le préposé de la Compagnie ne doit pas omettre le compte de ses honoraires; s'ils lui ont été payés, il mettra au bas : Reçu; dans le cas contraire, il mettra : A porter au décompte.	Total. . . .	5,280
	L'Assurance primitive était de. . . .	31,150
	A porter en diminution. . . .	25,870

COMPTE

Des honoraires du procès-verbal :

A LA VILLE,

à 0 fr. 50 c.
à 0 7 c. 1/2.

TOTAL...

Dans les communes rurales,

5,280 à 0 fr. 50 c. 2.64
à 0 15
à 0 7 1/2

TOTAL... 2.64

REÇU.

Sur lesquels objets mobiliers contenus dans le corps de bâtiment ci-dessus indiqué, il convient d'assurer la somme totale de cinq mille deux cent quatre-vingts francs; en conséquence il y aura lieu de porter en diminution la somme de vingt-cinq mille huit cent soixante-dix francs.

Fait à Tôtes, le 10 *Juin* 1844.

Approuvé par le propriétaire soussigné,

(Signature de l'Assuré.)

Le Commissaire de la Compagnie pour le canton de Tôtes,

(Signature de l'Agent.)

N° 9.

PREMIÈRE
COMPAGNIE
D'ASSURANCE
MUTUELLE
MOBILIÈRE
CONTRE L'INCENDIE,
Pour les Départements
DE
La Seine-Inférieure,
de l'Eure,
d'Eure-et-Loir,
de l'Oise
et de Seine-et-Oise.
Rue de la Seille, 10,
A ROUEN.

N°

DÉCLARATION
DE RÉDUCTION D'ASSURANCE.

Je soussigné Lemaire (François-Séraphin), demeurant précédemment à Ourville et actuellement à Tôtes.

Déclare, conformément au n° 3 de l'article 29 des Statuts, que j'ai cédé à mon fils la ferme que j'exploitais à Ourville, et qu'il ne me reste qu'une faible partie des objets mobiliers que j'avais soumis à l'assurance.

En conséquence, je demande que, sur les objets mobiliers assurés par adhésion du 20 juin 1843, n° , estimés, par procès-verbal du même jour, à la somme de trente-un mille cent cinquante francs, celle de 25,870 fr. cesse d'être assurée à compter du 30 du mois courant.

Fait à Tôtes, le 10 Juin 1844.

(Signature du Sociétaire.)

NOTA. Quand il s'agira d'Immeubles, l'Agent se servira d'un imprimé sur *papier chamois*

№ 10.

PREMIÈRE
COMPAGNIE
D'ASSURANCE
MUTUELLE
MOBILIÈRE
CONTRE L'INCENDIE,
Pour les Départements
DE
La Seine-Inférieure,
de l'Eure,
d'Eure-et-Loir,
de l'Oise
et de Seine-et-Oise.

Rue de la Seille, 10,
A ROUEN.

N°

DÉCLARATION

DE CESSATION D'ASSURANCE.

Je soussigné Lemaire, Guillaume, fils, seul héritier de M. Lemaire, François-Séraphin, en son vivant, demeurant à Tôtes, hameau de Bennetot,

Déclare, conformément au n° 6 de l'article 39 des Statuts, que, par suite du décès de mon père, arrivé le 25 mai dernier, j'ai fait vendre les objets mobiliers qu'il avait soumis à l'assurance.

En conséquence, je demande que les objets mobiliers assurés par adhésion du 20 juin 1843, n°   , estimés par procès-verbal de révision du 10 juin 1844, à la somme de cinq mille deux cent quatre-vingts francs, cessent d'être assurés à compter du 30 de ce mois.

Fait à Ourville, le 16 juin 1845.

Signé, Guillaume Lemaire.

NOTA. Quand il s'agira d'Immeubles, l'Agent se servira d'un imprimé sur *papier chamois*.

N° 11.

PREMIÈRE
COMPAGNIE
D'ASSURANCE
MUTUELLE
MOBILIÈRE
CONTRE L'INCENDIE,
Pour les Départements
DE
La Seine-Inférieure,
de l'Eure,
d'Eure-et-Loir,
de l'Oise,
de Seine-et-Oise
et du Calvados.

—

HOTEL
de la Direction,
Rue de la Seille, 10,
A ROUEN.

—

N°

DÉCLARATION
DE CONTINUATION D'ASSURANCE.

Je soussigné Lemaire, Guillaume, fils, cultivateur, demeurant à Ourville

Déclare que M. Lemaire (François-Séraphin), mon père, m'a cédé la ferme qu'il exploitait, avec tous les objets mobiliers assurés le 20 juin 1843, n° , que j'entends continuer l'assurance aux mêmes charges et conditions, approuvant le procès-verbal qui a été dressé le même jour, s'élevant à la somme de trente-un mille cent cinquante francs, et m'engage à me conformer à toutes les dispositions des Statuts, Arrêtés et Décisions pris ou à prendre par le Conseil-Général et le Conseil d'Administration de la Compagnie.

Fait à Ourville, le 25 juin 1844.

(*Signature du Continuateur.*)

NOTA. Quand il s'agira d'Immeubles, l'Agent se servira d'un imprimé sur *papier chamois*.

N° 12.

Cet état doit être sur un imprimé chamois pour l'immeuble.

LA ROUENNAISE,

Société d'Assurances Mutuelles Mobilières.

ÉTAT des adhésions reçues par M. , Commissaire-Estimateur à

DATE de L'ASSURANCE.	Nos d'Enregistrement.	NOMS DES SOCIÉTAIRES.	VALEURS ASSURÉES.	*OBSERVATIONS.*
		A reporter....		

N° 13.

LA ROUENNAISE,

Société d'Assurances Mutuelles Mobilières contre l'Incendie.

Cet état doit être sur un imprimé chamois pour l'immeuble.

ÉTAT des honoraires dus à M. *, Commissaire-Estimateur à*

DATE de L'ASSURANCE.	Nos d'Enregistrement.	NOMS des SOCIÉTAIRES.	VALEURS ASSURÉES.	MONTANT des HONORAIRES.	*OBSERVATIONS.*
		A reporter....			

N° 14.

PREMIÈRE
COMPAGNIE
D'ASSURANCE MUTUELLE
MOBILIÈRE
CONTRE L'INCENDIE,
Pour les Départements
DE
La Seine-Inférieure, *de l'Eure*, *d'Eure-et-Loir*, *de l'Oise*, *et de Seine-et-Oise*

N° d'Enregistrement de l'Assurance.

Nom du Sociétaire incendié.

PROCÈS-VERBAL D'INCENDIE.

L'an mil huit cent quarante-   , le
du mois d

Nous, expert commis par le Conseil d'administration de la Compagnie d'Assurance Mutuelle Mobilière contre l'incendie, pour procéder à l'estimation des dommages d'incendie, pour le canton de

Ensuite de l'ordre à nous donné par M. le Directeur, en date du

Nous sommes transporté sur une propriété située à   , appartenant à M.
et occupée par M.   , Sociétaire de ladite Compagnie, en vertu de son acte d'adhésion en date du

Où étant, nous avons informé ledit sieur de notre mission et l'avons invité, aux termes de l'article 28 des Statuts de la Compagnie, à nommer un expert pour opérer contradictoirement avec nous (1).

Nous nous sommes procuré ensuite tous les renseignements sur les causes qui ont déterminé cet évènement, et avons appris que

En conséquence, après avoir pris connaissance du procès-verbal dressé lors de l'assurance par

(1) Il a désigné le sieur un tel, ou il a dit s'en rapporter à nous.

M. , Agent de la Compagnie, nous avons procédé, conformément aux dispositions desdits Statuts, à l'estimation du dommage causé par l'incendie dont il s'agit, ainsi qu'il suit:

Total de l'estimation....

et attendu que, d'après les dispositions de l'article 29, l'incendié ne peut faire aucun délaissement des objets avariés ou non avariés, nous avons procédé à leur estimation, après quoi nous les avons abandonnés au propriétaire, en déduction de la somme ci-dessus, Savoir :

partant le dommage reste fixé à la somme de......................

De tout quoi nous avons dressé le présent procès-verbal que M. et M. , experts ont signé avec nous, après lecture, les jour, mois et an susdits.

N° 15.

PREMIÈRE
COMPAGNIE
D'ASSURANCE
MUTUELLE
MOBILIÈRE
CONTRE L'INCENDIE,
ET
LA ROUENNAISE,
Société Immobilière
Pour les Départements
DE
La Seine-Inférieure,
de l'Eure,
d'Eure-et-Loir,
de l'Oise,
de Seine-et-Oise
et du Calvados.

N°s d'Enregistrement.
Mobilier
Immeuble

SOMME ASSURÉE.
Mobilier
Immeuble

Le Sociétaire en trouvera l'indication et le détail derrière le premier récépissé de paiement.

NOM DU RECEVEUR.
M.

(*) NOTA. Les frais de perception à payer au Receveur de la Compagnie sont de :

5 p. 0/0, si le Sociétaire se libère dans la première quinzaine du présent avertissement, et 8 p. 0/0 si le paiement n'est effectué que postérieurement.

Arrêté du 12 Octobre 1837.

A M

AVERTISSEMENT.

le 184 .

M

J'ai l'honneur de vous prévenir que M. le Directeur de la Compagnie m'a adressé Mandat sur vous de la somme de.......................

que vous devez pour mobilier
Dito dito immeuble
Droit de perception

TOTAL.

Je vous invite, en conséquence, à vouloir bien vous libérer entre mes mains, le plustôt qu'il vous sera possible, aux charges de Droit (*).

J'ai l'honneur d'être
M

Votre très-humble serviteur.
Le Receveur de la Compagnie,

NOTA. Mon bureau est établi à
et ouvert tous les
de à heures

N° 16.

MODÈLE DE SOMMATION.

L'an mil huit cent

A la requête de MM. les Administrateurs de la *Première Compagnie d'Assurance Mutuelle Mobilière contre l'incendie* (1), *pour les départements de la Seine-Inférieure, de l'Eure, d'Eure-et-Loir, de l'Oise, de Seine-et-Oise et du Calvados*, poursuites et diligences de M. Antoine-Jean-Baptiste DAUX, Chevalier de la Légion d'honneur, Directeur de ladite Compagnie, demeurant à Rouen, rue de la Seille, 10, hôtel de la Direction, où domicile est élu.

Moi , huissier

Ai fait sommation au sieur

De dans le délai de vingt-quatre heures, payer à M. Daux, au nom qu'il agit, la somme de qu'il doit à ladite Compagnie pour frais et cotisations échus jusqu'au premier mil huit cent , de l'assurance des objets mobiliers (2) par lui engagés à ladite Compagnie, sous le n° , pour une valeur de plus, de payer le coût du présent qu'il a nécessité, aux obéissances de droit.

Lui déclarant que faute d'obtempérer à la présente sommation, il est prévenu qu'aux termes de l'article 38 des Statuts de ladite Compagnie (3), s'il ne s'est point libéré dans le délai de deux mois, à partir de ce jour, il n'aura droit, en cas de sinistre, à aucune indemnité, et que le Conseil d'Administration de ladite Compagnie, pourra à son choix résilier ou maintenir l'assurance et en poursuivre l'exécution par toutes les voies de droit.

Dans le cas où le Sociétaire aurait quitté son domicile, l'huissier devra le constater dans sa sommation, il fera viser l'original par le maire de la commune, en délivrera une copie au Procureur du Roi, près le tribunal civil de l'arrondissement, et une autre copie sera affichée à la porte dudit tribunal.

---

(1) Ou la ROUENNAISE, Société Immobilière.

(2) Ou Immobiliers.

(3) Art. 29 pour la ROUENNAISE, délai d'un mois.

N° 17.

MODÈLE D'ASSIGNATION

L'an mil huit cent le

A la requête de MM. les Administrateurs de la *Première Compagnie d'Assurance Mutuelle Mobilière contre l'incendie* (1), *pour les départements de la Seine-Inférieure, de l'Eure, d'Eure-et-Loir, de l'Oise, de Seine-et-Oise et du Calvados*, poursuites et diligences de M. Antoine-Jean-Baptiste DAUX, Chevalier de la Légion d'honneur, Directeur de ladite Compagnie, demeurant à Rouen, rue de la Seille, 10, où il fait élection de domicile.

Moi , huissier

Ai cité le sieur

à comparaître à l'audience et par devant M. , Juge de paix, pour s'entendre condamner à payer à M. Daux, au nom qu'il agit, la somme de pour frais et cotisations échus jusqu'au premier dernier de l'assurance des objets mobiliers (2) par lui engagés à ladite Compagnie, sous le n° , pour une valeur de francs, s'entendre en outre condamner aux intérêts de droit et aux dépens.

Lui déclarant qu'aux termes de l'article 38 des Statuts de ladite Compagnie (3), s'il ne s'est point libéré dans le délai de deux mois, à partir de ce jour, il n'aura droit, en cas de sinistre, à aucune indemnité, et que le Conseil d'Administration de ladite Compagnie pourra, à son choix, résilier ou maintenir l'assurance et en poursuivre l'exécution par toutes les voies de droit, dont acte.

---

(1) Ou la ROUENNAISE, Société Immobilière.

(2) Ou Immobiliers.

(3) Art. 29 pour la ROUENNAISE, délai d'un mois.

N° 18.

MODÈLE DE RÉSILIATION.

Je soussigné, Louis Lefeu, ancien cultivateur, demeurant à Goderville, Seine-Inférieure ;

Déclare que par suite de mauvaises affaires, je me trouve dans l'impossibilité absolue de supporter les charges de la Société ; en conséquence, je demande que le Conseil d'Administration veuille bien accepter ma renonciation à l'assurance et consentir la résiliation de l'acte d'adhésion que j'ai souscrit le 25 avril 1840, n° 7326, pour 13,600 fr., entendant cesser de jouir du bénéfice de l'assurance à partir du 1er mai prochain.

A Goderville, le 17 avril 1844.

(Signature de l'Assuré.)

Nota La déclaration qui précède sera accompagnée d'un certificat du maire de la commune, dans les termes suivants :

Nous, maire de la commune de Goderville, certifions que le sieur , se trouve dans un état d'indigence et d'insolvabilité notoire qui le met hors d'état de supporter les charges de son assurance. (Si le Sociétaire se trouvait réduit à un dénument tel qu'il ne pût même acquitter les sommes dues antérieurement, le maire ajouterait :) et qu'il serait même dans l'impossibilité absolue d'acquitter les sommes dues jusqu'à ce jour.

En foi de quoi nous avons signé le présent pour valoir ce que de droit.

Sceau de la Mairie. *Signature du Maire,*

PREMIÈRE
COMPAGNIE
D'ASSURANCE MUTUELLE
MOBILIÈRE
des Départements
DE
La Seine-Inférieure,
etc.

CANTON d

N° 19.

BORDEREAU de versement des recettes faites depuis le 18 jusqu'au

Messieurs les Receveurs ne doivent pas manquer de se conformer exactement aux indications qui résultent de la forme du présent bordereau de versement, et notamment : 1° d'y porter un article pour chacun des mandats payés par le même Sociétaire, et le N° d'ordre de chaque mandat ; 2° de porter dans la 6e colonne les estimations à eux dues, comprises dans les mandats versés ; 3° d'arrêter et de totaliser séparément autant de bordereaux que pourra l'exiger l'importance de leur versement ; 4° de ne jamais se servir que du présent modèle ; tout bordereau sur autre papier serait renvoyé pour être transcrit sur des imprimés semblables au présent.

Nota. — Lorsqu'un bordereau est renvoyé acquitté au receveur, il doit faire la plus grande attention aux indications portées dans la colonne n° 7, concernant les années restées en arrière ; car, si, dans le bordereau suivant, ces années arriérées n'étaient pas versées, son compte particulier en serait débité. — Les colonnes nos 8 à 12 se rapportant à la comptabilité de la Compagnie, les receveurs n'auront pas à s'en occuper.

Nota. — Pour les versements relatifs à la Compagnie immobilière, ce Bordereau devra être sur un imprimé en papier chamois.

NUMÉROS		NOMS des SOCIÉTAIRES.	Imputation	MONTANT des MANDATS reçus.	Estimations dues au Receveur.	INDICATION des changements de domicile. Id. d'années restées en arrière. OBSERVATIONS.	DIFFÉRENCES		DOUBLES emplois imputés à dép.	HONORAIRES à divers Estimateurs.	
d'ordre.	d'enregistrement.						à ajouter	à retrancher.		NOMS.	Sommes.
1.	2.	3.	4.	5.	6.	7.	8.	9.	10.	11.	12.
		TOTAUX..									

NUMÉROS d'ordre.	NUMÉROS d'enregistrement.	NOMS des SOCIÉTAIRES.	Imputation	MONTANT des MANDATS reçus.	Estimations dues au Receveur.	INDICATION des changements de domicile. Id. d'années restées en arrière. OBSERVATIONS.	DIFFÉRENCES à ajouter	DIFFÉRENCES à retrancher.	DOUBLES emplois imputés à dép.	HONORAIRES à divers Estimateurs. NOMS.	HONORAIRES à divers Estimateurs. Sommes.
1.	2.	3.	4.	5.	6.	7.	8.	9.	10.	11.	12
		TOTAUX..									

Fait et arrêté le présent Bordereau de versement, montant à la somme de... que je verse comme suit, savoir :
1. Estimations qui m'appartiennent, désignées dans la 6e colonne, dont je retiens le montant et donne quittance par le présent ;
2. Liquidations de dépôt remboursé suivant bordereau.........
3. Pièces comptables. idem......
4. Numéraire. idem......

TOTAL....

Le Receveur de la Compagnie,

Le présent Bordereau de versement s'élève à ....
A pour différence (désignée ci-dessus)...........................
En conséquence, le Bordereau est fixé à.. ....

Je soussigné, Caissier de la Compagnie, reconnais avoir reçu de
Receveur à , la somme de
dans les valeurs ci-après désignées et admises comme suit : 1° Honoraires pour Estimations revenant au Receveur ; 2° Liquidations de dépôt remboursé ; 3° Pièces comptables ; 4° Numéraire.

TOTAL.........

Différence en portée à son (dont le détail lui est donné par l'accusé de réception.)
Le présent récépissé annule tous reçus provisoires précédemment délivrés.

Rouen, le 18[illegible]

Le Caissier de la Compagnie,

N° 20.

Cet état devra être fait sur papier chamois pour les mandats de la Rouennaise.

Canton d

M.

Receveur

NUMÉROS d'ordre	NUMÉROS d'enregistremt	NOMS des SOCIÉTAIRES.	DOMICILES.	ANNÉES.	SOMMES DUES.		OBSERVATIONS.

Rouen. — Imp. de A. PÉRON.

www.ingramcontent.com/pod-product-compliance
Lightning Source LLC
LaVergne TN
LVHW050435160826
845677LV00002BA/707

* 9 7 8 2 3 2 9 6 7 1 6 9 7 *